Die besten
Detektivgeschichten
zum Mitraten für Erstleser

Sabine Kalwitzki

Die besten Detektivgeschichten zum Mitraten für Erstleser

Mit Bildern von Jann Wienekamp

Sabine Kalwitzki
liebte schon als Kind das Geschichtenerfinden. Sie hat
in München Germanistik studiert und unterrichtet an
einer Grundschule. Für Kinder im Grundschulalter
schreibt sie seit Jahren erfolgreich Bücher, die
schon in viele Sprachen übersetzt wurden.

Jann Wienekamp
ist in der Nähe von Wuppertal geboren. Nachdem er
schon früh viel Spaß am Zeichnen hatte, ging er nach Düsseldorf,
um an der Kunsthochschule zu studieren.
Heute wohnt er in Velbert, wo er unter anderem Bücher
für Kinder illustriert.

Ein Verlag in der westermann GRUPPE

Der Bücherbär
1. Auflage 2022
© 2019 Arena Verlag GmbH, Rottendorfer Straße 16, 97074 Würzburg
Dieser Sammelband ist bereits unter dem Titel „Die besten
Detektivgeschichten zum Mitraten für Erstleser – Von Grusellabyrinthen,
Mumien und rätselhaften Golddieben" erschienen. Er enthält die Einzeltitel:
„Das Geheimnis im Labyrinth der Mumie", „Das Geheimnis von Atlantis"
und „Das Geheimnis des römischen Gladiators".
Alle Rechte vorbehalten

Text: Sabine Kalwitzki
Einband und Innenillustrationen: Jann Wienekamp

Gesamtherstellung: Westermann Druck Zwickau GmbH
Printed in Germany

ISBN 978-3-401-71768-5

Besuche den Arena Verlag im Netz:
www.arena-verlag.de

Inhalt

Das Geheimnis im Labyrinth der Mumie   11

Das Geheimnis von Atlantis   57

Das Geheimnis des römischen Gladiators   103

Das Geheimnis im Labyrinth der Mumie

Das neue Spiel

Caro und Paul
sind die besten Freunde.
Gemeinsam mit Benno
erleben sie oft
aufregende Abenteuer.
Gut, dass Benno
ein echter Polizeihund ist.
Er findet einfach immer
die richtige Spur
und passt auf,
dass Caro und Paul
nichts passiert.

Caro und Paul
übernachten heute im Garten.
Aber schlafen können sie nicht:
Paul hat ein neues Spiel dabei.
Das ist so spannend!
Es heißt „Das Geheimnis
der ägyptischen Mumie".
Man muss den Weg
durch ein Labyrinth finden
und dabei Rätsel lösen.

Caro würfelt eine Sechs.
Jetzt kommt sie an der
zwölfbeinigen Spinne vorbei.
„Ist das gruselig!",
freut sich Caro.
Aber Benno knurrt.
Er mag die Spinne nicht.

„Es ist doch nur ein Spiel!",
lacht Paul und streichelt Benno.
Nun ist Paul an der Reihe.
Er darf die Mumie
ein Feld vorrücken.
Die Mumie ist die schönste Figur
im ganzen Spiel.
Sie schimmert geheimnisvoll.
Paul setzt die Mumie ab.
Direkt auf das „Geheimnisfeld".

Plötzlich wispert und knistert
die Luft.
Ein starker Wind braust auf
und wirft die Spielfiguren um.
Die Spielkarten
wirbeln durcheinander.
Eine geheimnisvolle Karte
wird direkt in Pauls Hände geweht.
Sie ist alt und zerknittert.

Was hat Paul bekommen?

Das Abenteuer beginnt

Caro flüstert: „Das ist ein Teil
von einer Schatzkarte!"
Der Wind wird noch stärker,
und plötzlich stehen
Caro, Paul und Benno
auf einem großen Platz.
„Wir sind mittendrin
in meinem Spiel!",
ruft Paul verwundert.
Alles ist auf einmal echt:
die kleine Hütte
und der Junge und das Mädchen,
die eben noch Spielfiguren waren.

„Kommt schnell herein!",
ruft das Mädchen ihnen zu.
Caro, Paul und Benno
schlüpfen in die Hütte.
Der Sturm schlägt
die Tür hinter ihnen zu.
„Ich bin Zainab,
und das ist mein Bruder Ali!",
sagt das Mädchen freundlich.
Caro und Paul erzählen gleich,
auf welch merkwürdige Weise
sie in ihr Spiel gekommen sind.
„Ihr habt ein Zauberspiel",
staunt Ali, und seine Augen blitzen.

Dann sieht Ali
die Karte in Pauls Hand.
„So eine haben wir auch!",
sagt er überrascht.
„Der Sturm hat sie hereingeweht."
Ali legt die Karte auf den Tisch.
Paul legt seine daneben.
Die Karten passen zusammen.
Aber ein Teil fehlt noch.
Da hat Caro eine Idee.
„Vielleicht hat der Wind
auch die fehlende Karte
hier hereingeweht!
Benno soll sie suchen!"

Wo ist die Karte?

Benno ist schlau.
Er findet die Karte sofort:
Sie steckt in der bunten Truhe.
„Wuff!", macht Benno stolz.
„Braver Hund!", lobt Caro.
Die drei Karten passen zusammen.
„Jetzt suchen wir den Schatz!",
jubelt Zainab.
Ali zeigt auf die Schatzkarten.
„Das ist das alte Haus am Brunnen.
Dort fangen wir mit der Suche an."

Die Schatzsuche

Die Kinder schleichen
durch die Nacht.
Benno folgt ihnen lautlos
in das verlassene Haus.
Die alte Holztüre knarrt.
Ali zündet seine Fackel an.
Das Flackerlicht ist unheimlich.
„Und jetzt?", flüstert Zainab.
„Hier liegt etwas!", sagt Caro.
Es ist eine Nachricht.
Paul liest vor, was darauf steht:

Was hat das zu bedeuten?

Plötzlich purzelt den Kindern
eine echte Mumie vor die Füße.
„Hoppala!",
sagt die Mumie schüchtern
und rappelt sich langsam auf.

Die Kinder staunen.
Das ist doch die Mumie
aus ihrem Spiel!
„Ich heiße übrigens Asad",
sagt die Mumie.
„Das bedeutet ‚Löwe'",
kichert Zainab.

Die Kinder lachen.
So ein kleiner, ängstlicher Löwe!
„Was machst du denn hier?",
fragt Paul neugierig.
„Ich? Ich muss
durch das Grusel-Labyrinth.
Aber allein fürchte ich mich",
antwortet die Mumie.
„Wollt ihr mich begleiten?"

Die Kinder sehen Asad
mit großen Augen an.
„Grusel-Labyrinth?", fragt Caro.
Ihre Knie zittern.
Asad nickt ängstlich:
„Und das ist genauso gruselig,
wie es sich anhört!
Aber wenn man
den Schatz finden will,
muss man da leider durch."

Die Kinder wollen
den Schatz unbedingt suchen.
Caro und Paul sind
klug und mutig.
Zusammen mit Benno haben sie
einen Schlangendieb gefangen,
ein kleines Dinobaby
zu seiner Mama zurückgebracht
und einen gestohlenen Diamanten
wiedergefunden.
Und auch Ali und Zainab
sind keine Angsthasen.

„Wir sind dabei!",
sagen die Kinder.
„Wuff!", bellt Benno.
„Ihr seid super!", strahlt Asad
und flüstert einen Zauberspruch.

Schon öffnet sich die Mauer.
Vor ihnen liegt ein langer Gang.
An den Wänden leuchten Fackeln.
Sie knistern
wie tausend Flüsterstimmen.

In großer Gefahr

Caro zeigt auf die bunten Bilder
an den Wänden.
„Die Bilder erzählen Geschichten",
wissen Ali und Zainab.
„Aber die wollen wir
lieber nicht hören",
sagt Asad ängstlich.

Der Gang wird enger.
Baumwurzeln hängen
von der Decke.
Asad erschrickt,
weil etwas über seinen Arm streicht.
„Es ist nur eine Spinnwebe!",
tröstet Ali ihn.
Doch es werden immer mehr.
Bald versperren sie den Weg
wie staubige Vorhänge.
Selbst die Bilder an den Wänden
sind nun voller Spinnweben.
Deshalb sehen die Kinder nicht,
was sie erwartet.

**Welche Gefahr droht
den Kindern?**

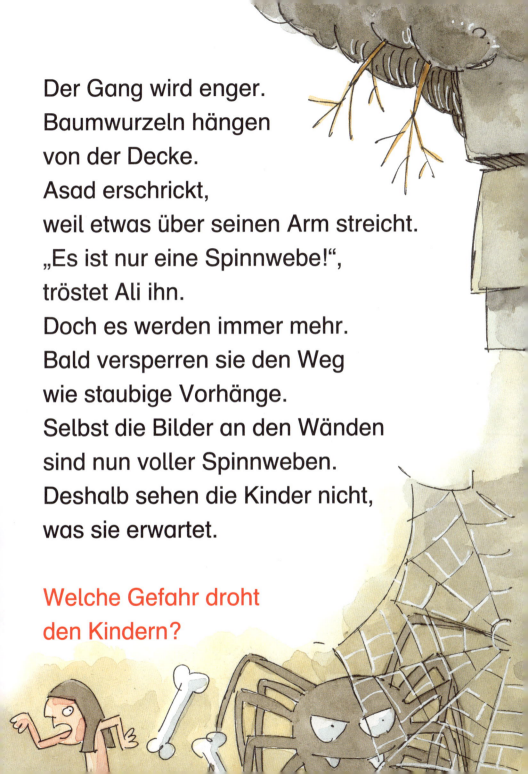

Benno spürt die Gefahr.
Mit leisem Knurren
warnt er die anderen.
„Seid vorsichtig!", flüstert Asad.
„Hier beginnt das Reich
der zwölfbeinigen Spinne."

Die Kinder, Benno und Asad
verstecken sich
hinter einem Felsen.
Sie beraten.
Können sie die Spinne überlisten?

„Ich muss mal…", flüstert Asad.
„Das geht jetzt nicht!",
zischt Paul.
„Ich muss mal… überlegen,
welcher Zauber da helfen könnte!"
Caro und Zainab kichern.
Asad denkt nach.
Dabei rollt er wild
mit seinen Augen.
„Das ist es!", wispert Ali aufgeregt.
„Du hypnotisierst die Spinne!"

Die Spinne hat die Kinder
längst bemerkt.
Reglos lauert sie
in ihrem Netz.

„Hallo!", sagt Paul freundlich.
Er lächelt die Spinne an
und gibt Benno ein Zeichen.
Benno springt um die Spinne herum.
Immer im Kreis.
Ärgerlich versucht die Spinne,
Benno zu fassen.
Dabei verdreht sie sich
in ihrem Netz.
Bald ist sie verpackt
wie ein Paket.
Wütend starrt die Spinne
Benno und Asad an.

Der kullert jetzt mit seinen Augen
wie ein wilder Löwe.
Die Spinne kann gar nichts tun,
sie schläft einfach ein.

„Bravo!", jubeln die Kinder
und schlüpfen vorsichtig
durch die Spinnennetze.

Wo steckt Benno?

Die Kinder gelangen
in eine große Höhle.
Tausend Glühwürmchen
schweben umher
und funkeln um die Wette.
„Wie im Märchen!", staunt Zainab.

Benno interessiert sich nicht
für Glühwürmchen.
Er jagt einer Maus nach.
Plötzlich ist er verschwunden.
Die Kinder rufen ihn.
Immer und immer wieder.
Aber Benno antwortet nicht.

Die Kinder sehen sich um.
Jetzt kann ihnen auch
die Schatzkarte nicht helfen.
Wird Benno zurückfinden?
Drei Gänge führen aus der Höhle.
In welchen ist Benno gelaufen?

Caro entdeckt es zuerst:
„Dort sind Bennos Spuren!"
Sie will Benno nachlaufen.
Aber Paul hält sie zurück.
„Hier, binde das lieber um!",
sagt er und holt ein Seil
aus seiner Hosentasche.
Das hat er als kluger Detektiv
immer dabei.
„So kannst du dich
nicht verlaufen."
Ali begleitet Caro.
Sie erforschen den Gang
und suchen Benno.

„Wo bleiben sie denn nur?",
fragt Zainab besorgt.
„Ali und Caro sind schon
so lange weg!"

Strubbelig und außer Atem
taucht Benno wieder auf.
Aufgeregt springt er
auf die Kinder zu.
Er bringt ihnen
einen alten, rostigen Schlüssel.
Dann kommen auch Ali und Caro.

„Fast hätten wir uns verlaufen!",
erzählt Caro.
„Dein Seil hat uns gerettet",
sagt Ali dankbar zu Paul.
Zainab schüttelt den Kopf:
„Und die ganze Aufregung wegen
eines dummen, alten Schlüssels."

„Von wegen dummer Schlüssel!",
sagt Asad zufrieden.
„Benno hat den Schlüssel
zur Schatztruhe gefunden."

Die Kinder jubeln.
Zainab wirbelt vor lauter Freude
Asad im Kreis herum,
bis ihm schwindelig wird.
Benno wird natürlich
ausgiebig gestreichelt und gelobt.
Feierlich binden die Kinder
den Schlüssel
an Bennos Halsband.
So kann er nicht verloren gehen.

Geheimschrift

„Wir haben noch etwas
in dem Gang gefunden",
berichtet Ali.
Er zeigt den anderen
eine weitere Spielkarte.
Paul schüttelt den Kopf.
„Ist das ein neuer Hinweis?
Ich kann ihn nicht lesen!"

Was steht auf der Karte?

Die Kinder rätseln.
Welchen Hinweis gibt die Karte?
„Das ist Spiegelschrift",
erkennt Ali.
Zainab kann die Botschaft lesen.
„Hütet euch vor dem Krokodil!"
Asad wird blass.
„Ein Kro-ko-ko-dil?",
stottert er entsetzt.
„Etwa so eins wie das da?"
Mit zitternden Fingern
zeigt er auf die Wandbilder.

„Seht mal", ruft Zainab.
„Die Bilder warnen uns
vor Gefahren
auf dem Weg zum Schatz."

„Wir müssen aufpassen!",
warnt Paul.
Er holt gleich seine Detektivlupe
aus der Hosentasche.
Alle suchen nach Hinweisen.
Denn einem Krokodil
wollen sie bei ihrer Schatzsuche
sicher nicht begegnen.

**In welchem Gang
lebt das Krokodil?**

„Ach, du dickes Ei!",
ruft Caro plötzlich.
„Seht mal, was dort steht!"
Sie zeigt auf die Bilder:
„Das sieht doch aus
wie eine Krokodilfütterung!"
Jetzt wissen die Kinder,
welche zwei Gänge
nicht zum Schatz führen:
der Krokodilgang und der,
in dem Benno verschwunden war.
Aber was bedeuten die Bilder
des dritten Gangs?
„Sieht aus wie ein Kuchenrezept",
kichert Paul, und alle lachen.

Die Mumie ist plötzlich
wie ausgewechselt.
Die Spinne ist besiegt
und kein Krokodil in der Nähe.
Dafür wartet jetzt der Schatz!
Asad schwebt fröhlich
um die Kinder herum
und spielt Gruselgeist.
Er macht Saltos
und fliegt rückwärts.
Bis er mit dem Popo
an eine hölzerne Tür stößt.
„Hoppala!", kichert Asad
und rutscht
an der Tür herunter.
„Wir sind da!"

Klarer Fall für kluge Köpfe

Asad rüttelt an der Tür.
„Zu!", sagt er enttäuscht.
Aber Caro gibt nicht auf.
„Denkt doch mal nach!
Wie öffnet man eine Tür?"
Sofort schwärmen alle aus,
um den Türschlüssel zu suchen.

„Ich hab ihn!", jubelt Zainab.
„Ich auch!", rufen Paul und Ali.
„Ich auch!", verkündet Asad.
„Ich auch", wundert sich Caro.
„Wuff, wuff!", macht Benno.
Er hält gleich zwei Schlüssel
im Maul.

„Jetzt haben wir ein Problem",
stellt Caro fest.
„Ach was!
Wir probieren die Schlüssel
einfach der Reihe nach aus",
schlägt Ali vor.

„Lieber nicht!", warnt Paul.
Er deutet auf den Boden:
Vor der Tür
zur Schatzkammer
ist eine große Falltür.
Was wohl passiert,
wenn sie
den falschen Schlüssel
ins Schloss stecken?

Die Kinder betrachten
die Schlüssel genau.
Welcher Schlüssel öffnet die Tür?

Es dauert nicht lange,
dann haben die Kinder
das Rätsel gelöst.
Nur der Schlangenschlüssel
passt genau ins Schloss.

Mit zittrigen Beinen steckt Asad
den Schlangenschlüssel
ins Schloss.
Alle halten den Atem an.
Wird sich die Falltür öffnen?
Das Türschloss schnappt auf.
„Es war der richtige Schlüssel",
flüstert Caro erleichtert.
Mit leisem Knarren
öffnet sich die Tür
zur Schatzkammer.
Aufgeregt und neugierig
treten die Schatzsucher ein.

Die Kammer ist dunkel.
Alis Fackel wirft Schatten
an die Wände.
Unheimliche, tanzende Schatten.
Das ist so gruselig!
Ängstlich fassen sich
die Kinder an den Händen.
Was erwartet sie hier?

„Dahinten steht jemand!",
flüstert Zainab plötzlich.
Asads Zähne klappern.
Schließlich wagt sich Ali
mit seiner Fackel vor –
und leuchtet in ein Gesicht.

Aber zum Glück
ist es nur eine Statue,
die Ali angeleuchtet hat.
Auf ihren Händen trägt sie
eine Schatztruhe.

Sie sind am Ziel! Endlich!
Und gleich werden sie
das Geheimnis um
Asads Schatz lüften.
Wie spannend!

Asad tritt
an die Schatztruhe
und liest stolz die Inschrift:
„Für meinen kleinen Löwen Asad!"
Die Kinder grinsen sich an.

Das Geheimnis wird gelüftet

Asad nimmt den Schlüssel
von Bennos Halsband.
Er passt genau!
Der Deckel der Truhe springt auf.
Asad holt ein Pergament heraus.
Vorsichtig rollt er es auf und liest:
„Mein lieber kleiner Löwe!"
„Lies weiter!", drängelt Zainab.
Sie will endlich
das Geheimnis wissen.
Asad nickt und liest:
„Man nehme Honig, Butter,
Zucker…"

„Ich werde verrückt!
Ein Kuchenrezept!", lacht Paul.
Asad lächelt glücklich:
„Omas Honigkuchen-Rezept!
Ich sag euch, der ist so lecker!"
„Und deine Oma hat es extra
im Grusel-Labyrinth versteckt?",
wundern sich Caro und Zainab.
„Das ist typisch Oma",
lacht Asad.
„Weil ich so ängstlich bin,
denkt sie sich immer
Mutproben für mich aus."
Die Kinder prusten vor Lachen.

Dann sausen sie nach Hause
zu Ali und Zainab.
Sie wollen das Rezept ausprobieren!

Der Kuchen duftet köstlich.
Die Kinder futtern ihn
ratzeputz auf.
Asad, der Löwe, bekommt natürlich
das größte Stück.
Und Benno schlabbert sogar noch
die Krümel auf.

„Asads Oma ist die beste!",
jubeln die Kinder.
„Aber wir sind auch nicht übel",
sagt Paul zufrieden.
„Benno hat den Schlüssel
zur Schatztruhe gefunden,
und die Spinne hat echt dumm
aus der Wäsche geguckt."

Dann wird es für Caro, Paul
und Benno Zeit zurückzukehren.

Asad kennt einen Zauberspruch,
der sie wieder nach Hause bringt.
„Macht's gut!",
rufen Ali und Zainab noch.
Und schon plumpsen Caro, Paul
und Benno ins Gras vor ihrem Zelt.
Vor ihnen liegt das Spiel,
mit dem alles angefangen hat.
Und mittendrin steht ein
leckerer Honigkuchen.
„Danke, Asad!", rufen sie.
Was für ein aufregendes Abenteuer!

Das Geheimnis von Atlantis

Flaschenpost

Caro und Paul
machen mit ihren Eltern
Urlaub am Meer.
Jeden Tag halten sie Ausschau
nach neuen Abenteuern.
Ihr schlauer Hund Benno
wühlt gerade aufgeregt im Sand.
„Ein Polizeihund wie Benno
hat immer den richtigen Riecher",
sagt Caros Vater, der von Beruf
Kriminalkommissar ist.
Diesmal findet Benno
eine geheimnisvolle Flasche.

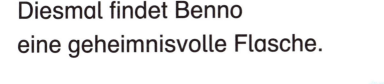

Caro und Paul nehmen die Flasche
mit nach Hause.
Abends entdecken sie,
dass merkwürdige Buchstaben
in das Glas geritzt sind!

„Atlantis", liest Paul.
„Ist das nicht diese
sagenhafte versunkene Stadt?
Darüber habe ich mal
einen Film gesehen."

Caro schüttelt die Flasche.
„Sieh nur, da ist etwas drin!",
ruft sie aufgeregt.
Vorsichtig löst sie den Korken
und holt eine alte Karte heraus.
Die Karte zeigt eine Stadt
und eine Burg
mit einem Drachentor.
Darüber steht wieder: „Atlantis."

Als Paul mit dem Finger
auf die Drachenburg tippt,
beginnt die Karte plötzlich,
zu knistern und zu flüstern.
Und bevor Caro und Paul
noch etwas sagen können,
zaubert die Karte sie schon
in ein neues Abenteuer.

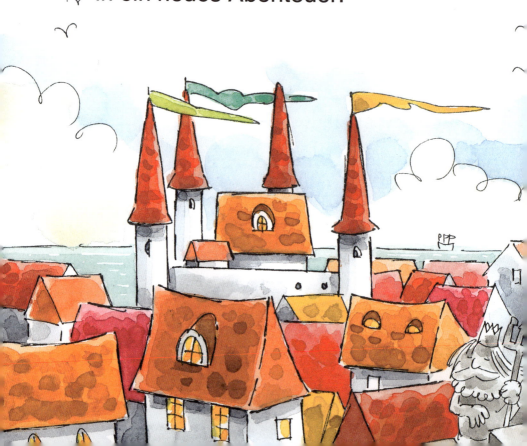

Die Drachenburg

Plötzlich stehen Caro und Paul
in einer Gasse
mit prächtigen alten Häusern.
In der Ferne leuchten
ein weißer Sandstrand
und das Meer.
Wo befinden sich Caro und Paul?

„Wir müssen in Atlantis sein!",
staunt Caro.
„Das ist doch die Burg,
die auf der Karte zu sehen war."

„Aber versunken
ist die Stadt nicht!",
sagt Paul.
„Wie kommt ihr denn darauf?",
wundert sich ein Junge hinter ihnen.
„Atlantis liegt auf einer Insel!"
Dann kniet der Junge sich
neben Benno und streichelt ihn.
Benno reicht ihm die Pfote.

Caro und Paul lachen:
„Benno mag dich!"
So schließen Caro, Paul und Benno
Freundschaft mit Malo aus Atlantis.
Malo wohnt in der Drachenburg,
denn sein Vater ist König
von Atlantis.

Nicht im Traum
hätten die Kinder gehofft,
in die Burg eingeladen zu werden.
Aber Malo zeigt ihnen
sogar sein Zimmer
hoch oben im Burgturm.
„Heute Abend gibt es
ein großes Fest!", strahlt er.
„Das müsst ihr euch ansehen!"

Das Fest

Abends ist die ganze Burg
festlich erleuchtet.
Überall ertönt Musik,
und es gibt köstliches Essen.
Um Mitternacht
zeigt der Magier Spiros
auf einer Bühne im Burghof
seine Kunststücke.
Er jongliert
mit brennenden Fackeln
und verwandelt ein Huhn
in einen Hasen.
Alle applaudieren
begeistert.

„Kannst du nichts anderes?",
ruft da ein schlaksiger Junge.
„Jeder Esel zaubert besser!"
„Das ist mein Freund Jorgos",
kichert Malo.
„Er kann es einfach nicht lassen.
Immer muss er Spiros ärgern."
Wütend schaut Spiros
auf den frechen Jorgos.
Gespannt halten die Zuschauer
den Atem an.
„Nun, dann fordere
einen Beweis
für meine Kunst",
sagt Spiros
in die Stille hinein.
Seine Augen
blitzen.

Jorgos lacht schelmisch:
„Zaubere mir ein Gewitter.
Oder noch besser: Lass gleich
die ganze Stadt verschwinden!"
„Wie du willst",
sagt der Magier ärgerlich
und beginnt zu flüstern:
„Atlantis vergeht,
wenn die Zeit
rückwärtsweht."

„Das klingt ja gruselig",
murmelt Caro.
Schließlich zieht der Magier
eine goldene Sanduhr
mit schwarzem Sand
aus seinem Umhang.

Erstaunt sehen die Zuschauer,
dass der Sand in der Sanduhr
aufwärtsrieselt.
Aber Jorgos lacht nur:
„Wieder so ein dummer Trick.
Damit kannst du wirklich
niemanden beeindrucken."
Dann verlässt er pfeifend
den Burghof.

Die Zuschauer aber
finden den Trick toll.
„Bravo!", rufen sie
und klatschen Beifall.

Kurze Zeit später
ist das Fest zu Ende.
Dunkle Wolken schieben sich
vor den Mond,
und Wind kommt auf.
Schließlich setzt auch noch
kräftiger Regen ein,
der selbst die letzten Gäste
nach Hause treibt.

Hochwasser

Als die Kinder und Benno
am nächsten Morgen aufwachen,
regnet es noch immer.
„Was für ein Wetter!", stöhnt Malo
und blickt aus dem Fenster.
Dann stutzt er.
Wo ist der weite
weiße Sandstrand geblieben?
Das Meer reicht ja auf einmal
bis fast an die Burg heran!
Ein großer Teil der Insel
ist in der Nacht vom Meer
überschwemmt worden.
Dann entdeckt Malo auch noch
eine Fahne auf einem Wachturm.
Merkwürdig!

Gestern war sie doch noch nicht da!
„Was steht denn dadrauf?",
fragt Malo.

„Ich glaube, du musst den Spruch
von hinten lesen", erklärt Caro.
„Atlantis vergeht,
wenn die Zeit rückwärtsweht."
Paul schüttelt den Kopf:
„Wer hat sich denn
den Unsinn ausgedacht?"
Aber Caro sagt:
„Das ist kein Unsinn!
Wisst ihr noch, wie Jorgos
gestern den Magier geärgert hat?

Als Spiros den Trick
mit der Sanduhr gezeigt hat,
hat er genau dieselben Worte
geflüstert."

Malo nickt: „Ich wette,
das Hochwasser ist kein Zufall.
Diesmal hat Jorgos es echt
zu weit getrieben.
Hat er nicht sogar
Spiros herausgefordert, die Stadt
verschwinden zu lassen?"
Paul kombiniert:
„Atlantis ist in Gefahr!
Wenn wir nichts unternehmen,
wird Atlantis untergehen!
Kommt mit, wir müssen
den Magier finden."

Dem Magier auf der Spur

Zuerst laufen die Kinder
in den Burghof.
Ob es hier einen Hinweis
auf Spiros gibt?
Auf der Bühne liegen zwei Fackeln
und eine Hühnerfeder.
Plötzlich bellt Benno.
Er hat etwas entdeckt!
„Da ist nur schwarzer Sand",
sagt Caro enttäuscht.
„Das wird uns nicht weiterhelfen."
Malo lässt den feinen Sand
durch seine Finger rieseln.

Dann lächelt er zufrieden:
„Und ob das ein Hinweis ist.
Diesen Sand gibt es nur
an einer einzigen Stelle.
In der Seeräuberbucht!
Irgendwo dort
werden wir den Magier finden."
Die Kinder und Benno
laufen sofort los.
Es regnet noch immer,
und das Wasser scheint
sogar noch gestiegen zu sein.

Am Rand der Bucht finden sie
einen dichten Busch, hinter dem
sie sich verstecken können.
Mit einem Fernrohr
sucht Malo das Ufer ab.
„Hier gibt es viele Höhlen!",
erklärt er. „Man sagt, dass einst
Seeräuber in dieser Bucht
einen Schatz versteckt haben.
Aber keiner hat ihn je gefunden."
„Seht mal dort", sagt Caro plötzlich
und deutet auf einen Felsen.

Was hat Caro entdeckt?

„Fußspuren!", flüstert Malo.
„Und hinter dem Farn
ist eine Höhle!", ergänzt Paul.
„Vielleicht hält Spiros
sich dort versteckt!"
Die Kinder
stecken die Köpfe zusammen
und hecken einen Plan aus.
Sie wollen sich
an die Höhle heranpirschen
und den Magier beobachten.
Mit Benno an ihrer Seite
fühlen sie sich sicher.

Das Versteck in der Höhle

Vorsichtig schleichen die Kinder
über den Strand und klettern
zum Höhleneingang hinauf.
„Ein gutes Versteck",
flüstert Paul anerkennend,
als er den Farn zur Seite schiebt.
Es dauert eine Weile,
bis sich die Freunde
an das schummrige Licht
im Höhleneingang gewöhnt haben.
In einer Felsnische
können die Kinder
sich verstecken.

Neugierig bestaunen sie die Höhle.
Auf dem Boden liegen Bärenfelle.
Bündel mit getrockneten Kräutern
hängen von der Decke herab.
Spiros steht in der Mitte
der Höhle und dreht ihnen
den Rücken zu.
Er hält etwas in der Hand
und murmelt vor sich hin.

Was hat Spiros in der Hand?

H = S   ~~SCH~~   ~~2, 3~~

„Das ist bestimmt die Sanduhr
mit dem schwarzen Sand",
flüstert Paul.
„Bald wird mich niemand mehr
verspotten", sagt Spiros
und grinst zufrieden.
Er legt die Sanduhr
in eine hölzerne Truhe
und schließt diese sorgfältig ab.
Den Schlüssel wirft er
in einen großen Tonkrug.
Dann geht er
in einen Nebenraum der Höhle.

Merkwürdige Geräusche
sind nun von dort zu hören.
„Was macht Spiros da?",
flüstert Paul.
„Das hört sich ja an,
als ob er nach etwas gräbt."
Vorsichtig schleichen
die Kinder sich an.
Tatsächlich!
Spiros gräbt mit einer Schaufel
den Sand weg.
Fragend sehen sich
die Kinder an.
Was sucht
Spiros?

Die geheimnisvolle Sanduhr

Paul stupst die Kinder an:
„Kommt schnell!
Spiros ist erst mal beschäftigt.
Wir holen uns die Sanduhr."
Aber als Paul den Schlüssel
aus dem Tonkrug nehmen will,
erwartet die Kinder
eine Überraschung.
„Da sind ja jede Menge
Schlüssel im Krug", staunt Malo.
„Wie finden wir den richtigen?"
Caro weiß Rat.

„Benno wird uns schnell helfen",
sagt sie.
„Er hat eine gute Nase.
Benno riecht, welchen Schlüssel
Spiros zuletzt angefasst hat."
Welcher Schlüssel passt
ins Schloss der Truhe?

Benno erschnuppert sofort
den richtigen Schlüssel:
Der mit dem Drachenkopf passt.
Vorsichtig öffnen die Kinder
die hölzerne Truhe.
Caro nimmt die Sanduhr heraus.
Der schwarze Sand fließt
immer noch aufwärts.
„Seht mal", flüstert Malo.
„Nur noch ganz wenig Sand!
Wir haben nicht mehr viel Zeit,
um Atlantis zu retten."

Ein Geräusch
lässt die Kinder
erschrocken aufhorchen.
Dann steht Jorgos im
Höhleneingang.
„Ich hab dich gesucht, Malo!
Die halbe Stadt
steht schon unter Wasser",
berichtet er.
„Ich konnte doch nicht ahnen,
dass der alte Spiros
wirklich Zauberkräfte hat."
„Wir müssen die Sanduhr
kaputt machen",
sagt Malo und greift
nach einem Stein.

Doch gerade als er den Stein
auf die Uhr werfen will,
steht der Magier Spiros in der Höhle.
Niemand hat ihn kommen hören.
Nicht einmal Benno!

Gefangen!

Einen Moment später
sind die Kinder und Benno
in einer Nachbarhöhle gefangen.
Dort ist es dunkel. Was nun?
Zum Glück hat Caro
immer eine Taschenlampe dabei.
Sie lässt den Lichtstrahl
umherwandern.
Da blinkt plötzlich etwas
im Sand auf.
Benno beginnt sofort zu buddeln
und findet
eine goldene Münze!

„Wie kommt denn die hierher?",
wundert sich Jorgos.
Malo dreht die Münze nachdenklich
zwischen seinen Fingern.
„Wo die herkommt,
sind auch noch mehr",
sagt er plötzlich aufgeregt.
„Wetten, dass Benno
den Seeräuberschatz gefunden hat?"
Nun ist den Kindern auch klar,
wonach der Magier
so eifrig gegraben hat!

Benno hilft den Kindern
bei der Schatzsuche.
Er buddelt so wild,
dass der Sand
durch die Höhle fliegt.

Wenig später blinken
Dutzende goldener Münzen
im Schein der Taschenlampe.
„Wir haben den Schatz gefunden",
freut sich Malo.
„Er wird unsere Stadt
vor dem Untergang retten.
Jetzt passt mal auf!"
Malo verteilt einige Münzen
an die Kinder.
Die meisten aber
vergräbt er wieder im Sand.
„Wir holen sie später",
flüstert er.
Dann ruft er laut
nach dem Magier.

Der Münzentrick

Ärgerlich schlurft Spiros
in die Höhle der Kinder.
„Was wollt ihr?",
schnauzt er sie an.
„Jorgos hat noch einmal
nachgedacht und möchte sich
bei dir entschuldigen",
sagt Malo ganz freundlich.
„Es war gemein, dass er dich
auf dem Fest geärgert hat."
Malo gibt Jorgos
einen leichten Schubs.
„Nun mach schon", sagt er noch.

„Es tut mir wirklich leid",
sagt Jorgos mit gesenktem Kopf.
„Ich möchte dir deshalb
das hier geben."
Jorgos hält dem Magier
eine der Seeräubermünzen hin.
Die Kinder müssen sich
ein Lachen verkneifen.

Jorgos ist wirklich
ein guter Schauspieler!
Spiros bekommt große Augen.
„Wo hast du die gefunden?",
ruft er aufgeregt.
Jorgos antwortet schlau:
„Unten am Strand.
Ich könnte dir die Stelle zeigen,
aber leider ist da jetzt
alles überflutet."
Spiros flucht ärgerlich.
Dann holt er die Sanduhr
und wirft sie zu Boden.

Die Freunde atmen erleichtert auf.
„Damit hat das Hochwasser
ein Ende", sagt Spiros.
„Und jetzt zeigt mir die Stelle!"
Die Kinder zwinkern einander zu,
dann laufen sie hinaus.

Draußen scheint die Sonne,
und die Vögel zwitschern.
Das Wasser hat sich
schon zurückgezogen.
Nun muss nur noch der letzte Teil
des Planes klappen.

Jorgos führt Spiros an den Strand.
„Wo war denn noch gleich
die Stelle?", murmelt er
und schaut sich um.
Caro muss kichern.
Jorgos macht seine Sache gut!
Auf sein Zeichen
verstecken die Freunde
ihre Münzen
hinter einem Felsen.
Dann zeigt Jorgos
auf den Felsen,
und Spiros findet
die Goldmünzen.

Seine Augen strahlen.
„Gold!", jubelt er.
„Ich habe den Schatz gefunden!"
Jorgos sieht Spiros treuherzig an:
„Wenn das die Leute erfahren.
Hoffentlich wird dir das Gold
nicht gestohlen!
Es gibt hier ja so viele Diebe."

„Diebe?", ruft Spiros.
„Ich lasse mich nicht bestehlen!"
Wie der Blitz rafft er
seine Münzen zusammen
und rennt zurück zur Höhle.

Er packt ein paar Sachen
und macht sein Boot startklar.
Dann segelt er davon.
Die Kinder kugeln sich
im Sand vor Lachen.
„Jorgos, du bist echt spitze",
lacht Malo.
„Den sehen wir hier nie wieder!
Und jetzt holen wir
unsere Münzen
aus der Höhle."

Atlantis ist gerettet

Glücklich laufen die Kinder
zurück in die Stadt.
Die Leute jubeln,
weil Atlantis gerettet ist.
Immer und immer wieder
müssen die Kinder erzählen,
wie sie den Schatz
gefunden haben
und wie Spiros
die Sanduhr zerstört hat.
Am Abend gibt es ein großes Fest
auf der Drachenburg.
Fröhlich feiern die Menschen
die Rettung von Atlantis.

„Bravo!", rufen sie
und klopfen den Kindern
auf die Schultern.
Und für Benno gibt es
zur Belohnung
einen riesigen Knochen.
„Es wird Zeit für uns", sagt Caro
und umarmt ihre neuen Freunde.
„Wir müssen zurück nach Hause."
„Vergesst uns nicht",
sagen Malo und Jorgos.

Caro zieht den Plan
mit der Drachenburg
aus ihrer Tasche
und tippt mit dem Finger darauf.
Knisternd und flüsternd
zaubert die Karte
Caro, Paul und Benno
dorthin zurück,
wo mit einer Flaschenpost
alles begann.

Das Geheimnis des römischen Gladiators

Ein rätselhafter Fund

Caro schaukelt in ihrer Hängematte.
Sie träumt von neuen Abenteuern
mit ihrem Freund Paul und Benno,
dem klugen Polizeihund.
„Benno ist der schlauste Hund der
Welt", sagt Papa immer,
und als Kriminalkommisar
weiß er das ganz genau.
Da stürmt Paul in den Garten:
„Sieh nur, was ich
im Wald gefunden habe!"
In seiner Hand hält er
eine kleine
goldene Münze.

Neugierig springt Caro auf
und betrachtet die Münze.
Auch Benno will daran schnüffeln.
Aufgeregt springt er
um die Kinder herum.
Er bellt wie verrückt.
Was ist denn plötzlich mit ihm los?
„Die Münze sieht richtig alt aus!",
staunt Caro.

Wer ist der Mann auf der Münze?

Paul kennt den Mann
aus dem Lexikon:
„Das ist Julius Cäsar!
Er war ein römischer Kaiser!"
Da beginnt die goldene Münze,
geheimnisvoll zu funkeln.
Und plötzlich, wie von Zauberhand,
befinden sich die Kinder
in einem kleinen Wäldchen.
„Ein neues Abenteuer!",
flüstert Caro begeistert
und sieht sich neugierig um.

Zu Besuch im alten Rom

„Fang mich doch!", ruft da plötzlich
ein Mädchen zwischen den Bäumen.
Ein Junge rennt ihm nach und lacht.
Dann bemerken die beiden
Caro, Paul und Benno
und kommen neugierig näher.
„Wir sind Flavia und Titus",
stellen sie sich vor.
Benno bellt fröhlich.
„Das ist Benno!",
erklärt Caro.
„Und wir sind Caro und Paul."

Titus und Flavia kichern:
„Was für seltsame Namen!
Ihr seid wohl nicht aus Rom?"
Da erzählen Caro und Paul
ihren neuen Freunden
von der goldenen Zaubermünze.
„Passt auf, dass euch die Münze
nicht gestohlen wird!", sagt Titus.
„Bei uns in Rom gibt es nämlich
geheimnisvolle Golddiebe."
Benno spitzt die Ohren.
Caro lacht: „Das gefällt Benno.
Diebe sind seine Spezialität!"

Titus und Flavia laden
ihre neuen Freunde zu sich ein.
Sie wollen alles über sie erfahren.
Da hat Titus eine Idee:
„Wenn Benno so schlau ist
und wirklich Verbrecher aufspürt,
dann findet er auch die Golddiebe,
die ganz Rom unsicher machen!"

Die Kinder nicken begeistert,
und Benno wedelt fröhlich
mit dem Schwanz.
Doch dann spitzt Benno die Ohren
und knurrt leise.

Was hat Benno gehört?

Ein geheimes Treffen

„Da ist jemand beim Pferdestall!",
flüstert Titus aufgeregt.
„Kommt, das sehen wir uns an!"
Die Kinder schleichen zum Stall.
Zwei Männer stehen davor
und tuscheln miteinander.
„Ist das nicht Rufus, unser Sklave?",
wundert sich Flavia.
„Aber warum trifft er sich
im Dunkeln mit einem Fremden?"
Da trägt der Wind ein Wort
zu den Kindern herüber:
„… Gold …!"

„Da ist doch was faul",
zischt Titus empört.
„Ist Rufus etwa ein Golddieb?"
Die Kinder sehen sich fragend an,
und Benno spitzt die Ohren.
Das wird ja immer spannender!
Die Freunde beobachten,
wie Rufus zum Haus zurückschleicht.
Dann verschwindet auch der Fremde
in der Nacht.

Benno im Einsatz

„Such, Benno!", flüstert Caro
und schnalzt leise mit der Zunge.
Lautlos wie ein Schatten
schleicht Benno zum Pferdestall
und beschnuppert die Fußspuren.

Seine feine Polizeihundenase
findet schnell einen Hinweis:
Eine Spur riecht sehr merkwürdig.

Was ist das nur für ein Duft?
Benno kennt ihn aus dem Zoo.
Diese Fußspur riecht nach …

Benno weiß es ganz sicher:
Diese Fußspur riecht nach Löwe.

Eine Glocke ertönt aus der Villa.
„Zeit fürs Abendessen!", sagt Flavia.
„Vater und Mutter mögen es nicht,
wenn wir uns verspäten.
Kommt mit! Unsere Eltern sollen
euch kennenlernen."

Von Löwen und Gladiatoren

Nach dem aufregenden Erlebnis
haben die Kinder großen Hunger.
Mutter Claudia lacht:
„So viel könnten nicht einmal
die Löwen in der Arena futtern!"
Vater Marcus kennt
spannende Geschichten von der
großen Arena mitten in Rom.
Er erzählt, dass dort wilde Löwen
und mutige Gladiatoren kämpfen.

Atemlos hören die Kinder zu.
Nur Titus ist nicht bei der Sache.
Er gibt den Kindern ein Zeichen
und deutet mit dem Kopf
unauffällig auf Rufus.
Der Sklave reicht Brot und Oliven
in silbernen Schalen.
Aber er wirkt sehr nervös.
Seine Hände zittern.

Nach dem Essen gehen die Kinder
mit Benno im Garten spazieren.
„Rufus war heute so merkwürdig!",
jammert Flavia.
„Er hat mir sogar Oliven
auf mein Honigbrot gelegt!"
Die Kinder kichern.
Ein leises Geräusch an der Haustür
lässt sie aufhorchen.
„Rufus!", raunt Paul.
„Er hat irgendetwas vor!"

Nächtliche Verfolgungsjagd

Kurz darauf schleichen
fünf lautlose Schatten
dem ahnungslosen Rufus hinterher.
Rufus läuft zum Marktplatz.
Dort sieht er sich vorsichtig um
und biegt in eine enge Gasse ein.
Plötzlich ist er verschwunden.
Wie vom Erdboden verschluckt!
„Das war's dann wohl!",
stöhnt Titus.

Aber Caro und Paul
geben nicht so schnell auf.
„Seht euch die Straße doch mal
genau an!", flüstert Caro.
„Es ist eine Sackgasse, richtig?
Also kann Rufus nur
in einem der Häuser stecken!"

Findest du eine Spur?

„Such, Benno!", flüstert Caro.
Bennos Spürnase führt die Kinder
direkt zu einem Holzzaun.
Eine Latte ist lose.
„Seht mal, ein Fußabdruck!",
raunt Titus den anderen zu.
„Hier muss Rufus stecken!"
Nacheinander kriechen die Kinder
durch den Zaun.

Sie gelangen in einen Garten.
Stimmen sind zu hören.
Die Kinder verstecken sich
hinter einer dichten Hecke
und spitzen die Ohren.

Rufus spricht mit einem Mann.
Die Schatten der beiden
fallen auf die Hauswand.
Aufgeregt deutet Flavia
auf die Schatten.

Was hat Flavia entdeckt?

Den Dieben auf der Spur

„Das ist der fremde Mann
vom Pferdestall!", flüstert Titus.
Caro und Paul nicken.
Benno knurrt leise.
Er hat den Mann längst erkannt,
denn er riecht nach Löwe.
Der Fremde wirft sich
einen Sack über die Schulter
und klopft Rufus auf den Rücken.
„Bist du bereit, Brüderchen?
Die Goldtaler warten auf uns!"

Dann schleicht der Fremde
zum Haus,
hebelt eine Tür auf
und huscht hinein.
Rufus seufzt und folgt ihm.
„Rufus und sein Bruder
brechen in das Haus ein!
Sie sind tatsächlich Golddiebe!",
stöhnt Flavia fassungslos.
„Was sollen wir jetzt tun?"

Caro überlegt nicht lange:
„Titus und Flavia,
ihr alarmiert euren Vater!
Er soll die Wachen holen.
Benno, Paul und ich
schleichen den beiden nach.
So können wir die Halunken
auf frischer Tat ertappen!"

Die schwere Holztür knarzt,
als Benno, Caro und Paul
in das Haus schlüpfen.
Im Flur ist es dunkel und kalt.
Die Bewohner scheinen
nicht da zu sein.

Im oberen Stockwerk
klirrt es leise.
Benno spitzt die Ohren
und führt die Kinder hinauf.
Dort sind die Golddiebe
bei der Arbeit!
Ihre Fackeln verbreiten
unheimliches Flackerlicht.
Versteckt hinter einer großen Statue,
können Caro, Paul und Benno
alles genau beobachten.

Die Falle

Die diebischen Brüder stehen vor einer Truhe und betrachten sie genau. „Wir müssen aufpassen!", warnt Rufus. „Vielleicht ist die Truhe gesichert!"

Sieh dir die Truhe genau an. Wie ist sie gesichert?

Rufus hält seine Fackel
dichter an die Truhe und sagt:
„Eine Schlangenfalle! Sehr schlau!"
Ächzend wuchtet er
einen schweren Sessel
auf den Schlangenkorb,
sodass sich der Deckel
nicht mehr öffnen lässt.
Nun kann er gefahrlos
in die Truhe hineinschauen.
Bis oben hin ist sie
mit Goldstücken gefüllt.

„Dass wir so etwas tun müssen,
andere Leute bestehlen!",
sagt Rufus unglücklich.
Sein Bruder nickt wütend.
„Daran ist nur dieser
hundsgemeine Servatius schuld.
Er erpresst mich,
den berühmten Gladiator Primus!
Wenn ich ihm kein Gold gebe,
wird er mir statt eines
gleich zwei Löwen zum Kämpfen
in die Arena schicken.
Das wäre mein sicherer Tod."

In großer Gefahr

Bestürzt sehen sich
Caro und Paul an.
So ist das also!
„Wie gemein!",
rutscht es Caro heraus.
Erschrocken hält sie sich
den Mund zu.
Ob die Diebe
sie gehört haben?

Caro, Paul und Benno
wagen nicht, sich zu bewegen.
Plötzlich ist es totenstill!
Nur ein feines
metallisches Geräusch
ist zu hören.

Was für ein Geräusch ist das?

Der Gladiator hat
sein Schwert gezogen!
Leise Schritte nähern sich.
Nun geschieht alles blitzschnell:
Mit einem Satz
sind Rufus und Primus
bei den Kindern
und wollen sie packen.

Aber Benno lässt das nicht zu!
Er fletscht wütend die Zähne.
Mit einem einzigen Sprung
wirft er die Diebe zu Boden.
Da hebt der Gladiator sein Schwert
und holt aus.

„Halt!", schreit Rufus,
bevor noch etwas passieren kann.
„Es sind doch nur Kinder!
Ich kenne sie!
Lass sie in Ruhe!"
Mühsam rappelt Rufus sich auf.
„Seid ihr nicht die Freunde
von Flavia und Titus?",
fragt er verwundert.

Flucht über die Dächer

Im selben Moment
poltert es am Eingangstor.
Römische Wachen stürmen ins Haus.
Lärmend durchsuchen sie
das untere Stockwerk.
Die Kinder sind entsetzt!
Die Wachen! Richtig!
Flavia und Titus
haben sie alarmiert.
Was nun?

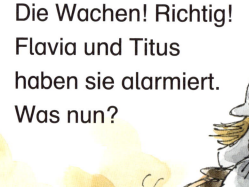

„Schnell, verschwindet!",
ruft Paul den Brüdern zu.
„Sie dürfen euch nicht finden!"
Mit einem Lächeln
nicken Primus und Rufus
den Kindern zu.
Dann klettern sie blitzschnell
aus dem Fenster und flitzen
über die Dächer davon.

Schon sind die Wachen
bei den Kindern.
Flavia, Titus und Vater Marcus
stürmen hinterher.
„Wo sind die Diebe?",
rufen sie aufgeregt.
„Als sie euch gehört haben,
sind sie in den Garten geflohen!",
schwindelt Paul.
Sofort eilen die Wachen
in den Garten und durchsuchen ihn.
Caro und Paul sind erleichtert:
„Die sind erst mal beschäftigt!"

Entkommen!

Noch in derselben Nacht
erzählen Caro und Paul
ihren römischen Freunden,
was wirklich geschehen ist.
„Erpressung? So eine Gemeinheit!",
schimpft Titus.
„Gegen zwei Löwen auf einmal
kann niemand gewinnen.
Auch nicht der beste Gladiator!
Hoffentlich werden Primus und Rufus
nicht geschnappt!", seufzt Flavia.

Am nächsten Morgen
ist ganz Rom in Aufruhr.
„Die Diebe sind entkommen!",
schimpft Vater Marcus.
„Rufus habe ich heute
auch noch nicht gesehen!
Merkwürdig!"
Die Freunde zwinkern einander zu.
„Hoffentlich sind die beiden
schon weit weg!", flüstert Titus.

Die Kinder genießen die Ruhe
nach der aufregenden Nacht.
Sie sitzen auf den Stufen
des Hauseingangs
und lassen sich
von der Morgensonne wärmen.
Da kommt ein kleiner Junge
und reicht Paul einen flachen Stein.

Was hat das zu bedeuten?

„Seht nur!", ruft Titus.
„Rufus und Primus haben uns
eine Nachricht geschickt!
Sie sind in Sicherheit!"
Die Kinder jubeln
und tanzen vor Freude.
Paul wirft seine Kappe
in die Luft.

Auf Wiedersehen!

Da klirrt es plötzlich.
Die Zaubermünze ist
aus Pauls Tasche gefallen.
Alle wissen, was das bedeutet:
Caro, Paul und Benno
müssen zurück in ihre Zeit.
„Kommt wieder, dann erleben wir
ein neues Abenteuer!",
sagen Flavia und Titus
und streicheln Benno
zum Abschied.

Caro hält die Zaubermünze
fest in der Hand.
Sie beginnt zu funkeln.
So schön und geheimnisvoll,
wie nur eine Zaubermünze das kann.
Und dann kehren Caro,
Paul und Benno
zurück in ihre Welt und ihre Zeit.

Caro schaukelt in ihrer Hängematte
und freut sich
über ihr aufregendes Abenteuer!
„Genau, wie ich's mir
gewünscht habe!", strahlt sie.
„Ja, wir sind ein tolles Team!",
freut sich auch Paul.
„Zusammen mit Benno,
dem besten Hund der Welt!"

TEAM LUPE ermittelt

Henriette Wich / Steffen Gumpert

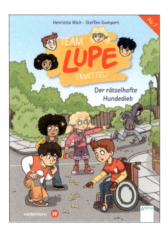

Der rätselhafte Hundedieb

Pauls Hündin Murmel ist weg! Auf dem Schulfest haben sie noch alle gesehen, doch am nächsten Morgen fehlt jede Spur von ihr. Dann meldet sich ein anonymer Anrufer bei Paul ... Ein spannender Fall für die vier Detektive von TEAM LUPE!

Band 1:
64 Seiten • Gebunden
ISBN 978-3-401-71677-0

Henriette Wich / Zapf

Spurensuche um Mitternacht

Einbruch im Detektivbüro! TEAM LUPE kann es nicht fassen: Sie wurden bestohlen! Als dann auch noch ein Drohbrief in den LUPE-Briefkasten flattert, wird der Fall immer undurchsichtiger. Ein aufregender Fall vier Detektive von TEAM LUPE!

Band 2:
64 Seiten • Gebunden
ISBN 978-3-401-71678-7
www.arena-verlag.de

Sachwissen für Erstleser

Die Wildkatze
978-3-401-71573-5

Die Fledermäuse
978-3-401-71776-0

Der Wolf
978-3-401-71775-3

Die Honigbiene
978-3-401-71773-9

Jeder Band: Ab 6 Jahren • Sachwissen für Erstleser • Durchgehend farbig illustriert • Gebunden • Format 15,9 x 21,1 cm

Innenseite aus »Der Fuchs«
ISBN 978-3-401-71722-7